Mi introducción a

CTIAM

T0014926

EXPLORADORES DEL OCÉANO

Annette Gulati
y Pablo de la Vega

Rourke

ANTES Y DURANTE LAS ACTIVIDADES DE LECTURA

Antes de la lectura: *Desarrollo del conocimiento del contexto y el vocabulario*

Construir el conocimiento del contexto puede ayudar a los niños a procesar la información nueva y a usar la que ya conocen. Antes de leer un libro, es importante utilizar lo que ya saben los niños acerca del tema. Esto los ayudará a desarrollar su vocabulario e incrementar su comprensión de la lectura.

Preguntas y actividades para desarrollar el conocimiento del contexto:

1. Ve la portada del libro y lee el título. ¿De qué crees que trata este libro?

2. ¿Qué sabes de este tema?

3. Hojea el libro y echa un vistazo a las páginas. Ve el índice, las fotografías, los pies de foto y las palabras en negritas. ¿Estas características del texto te dan información o ayudan a hacer predicciones acerca de lo que leerás en este libro?

Vocabulario: *El vocabulario es la clave para la comprensión de la lectura*

Use las siguientes instrucciones para iniciar una conversación acerca de cada palabra.

- Lee las palabras del vocabulario.
- ¿Qué te viene a la mente cuando ves cada palabra?
- ¿Qué crees que significa cada palabra?

Palabras del vocabulario:
- datos
- esculturas
- estudian
- profundidad
- submarinos
- tecnología

Durante la lectura: *Leer para entender y conocer los significados*

Para lograr una comprensión profunda de un libro, se anima a los niños a que usen estrategias de lectura detallada. Durante la lectura es importante hacer que los niños se detengan y establezcan conexiones. Esas conexiones darán como resultado un análisis y entendimiento más profundos de un libro.

 ### Lectura detallada de un texto

Durante la lectura, pida a los niños que se detengan y hablen acerca de lo siguiente:

- Partes que sean confusas.
- Palabras que no conozcan.
- Conexiones texto a texto, texto a ti mismo, texto al mundo.
- La idea principal de cada capítulo o encabezado.

Anime a los niños a usar las pistas del contexto para determinar el significado de las palabras que no conozcan. Estas estrategias los ayudarán a aprender a analizar el texto más minuciosamente mientras leen.

Cuando termine de leer este libro, vaya a la última página para ver una **Actividad para después de la lectura**.

Índice

El océano del planeta

La mayor parte de la Tierra está cubierta por océanos conectados. ¿Qué pasa dentro de este océano?

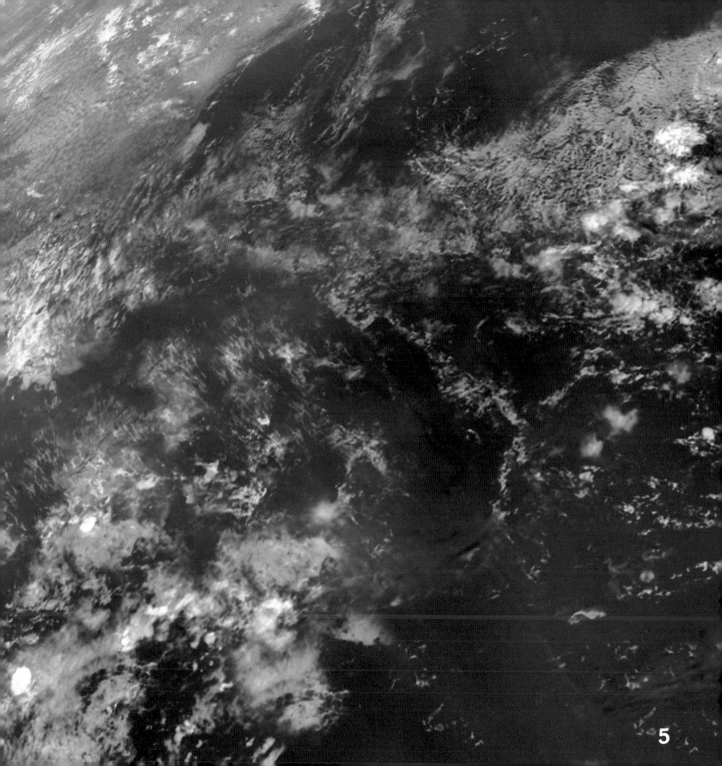

5

Los científicos que estudian el océano son llamados *oceanógrafos*.

Estos científicos nos ayudan
a aprender acerca del océano.

Ellos **estudian** a los animales
marinos.

Estudian el suelo del océano.

También estudian el agua.

Máquinas y tecnología

Los ingenieros usan la **tecnología** para ayudar a los científicos.

Los satélites toman
fotografías del océano.

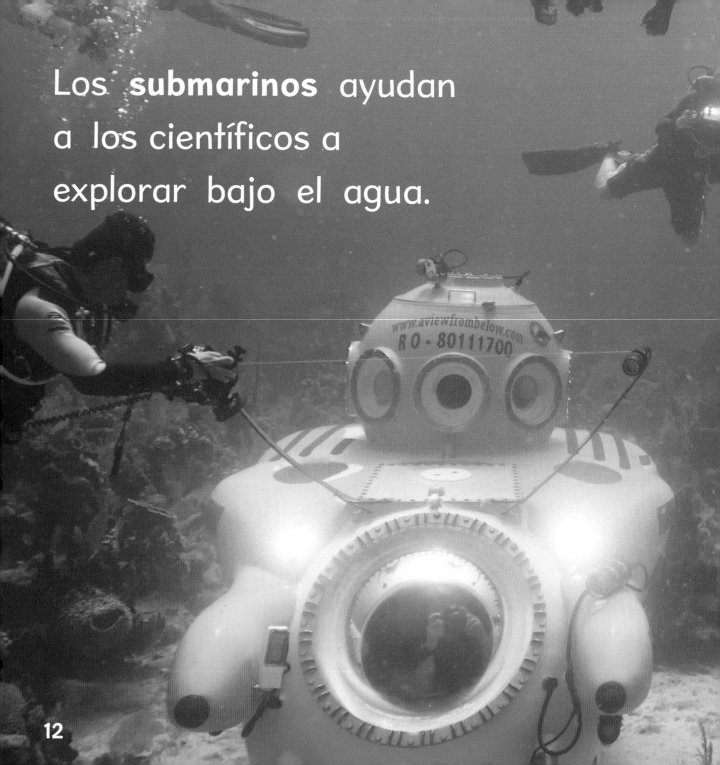

Los **submarinos** ayudan a los científicos a explorar bajo el agua.

¡También los robots ayudan!

Números e imágenes

Los científicos usan las Matemáticas para estudiar el océano.

Reúnen **datos** y hacen gráficas.

Miden la **profundidad** del agua.

Miden su temperatura.

Algunos artistas usan datos científicos para hacer **esculturas**. Dibujan y pintan imágenes de la vida en el océano.

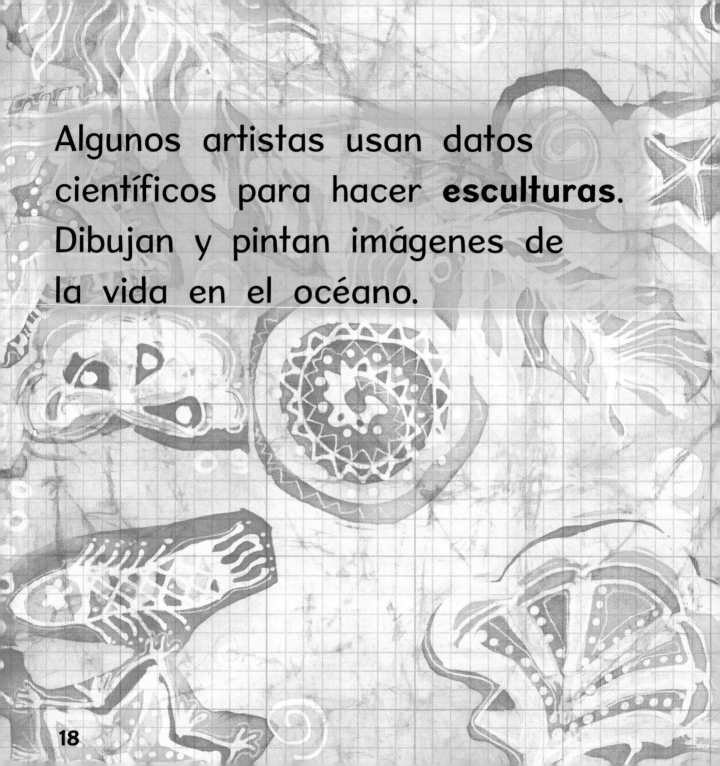

Mucha gente nos ayuda a
entender el océano terrestre.

Haz tu propio submarino

Un submarino puede permanecer bajo el agua por mucho tiempo. Prueba diferentes objetos para averiguar cuáles hacen que tu submarino se hunda o flote.

Necesitarás:

✓ una botella de plástico

✓ agua

✓ una canica

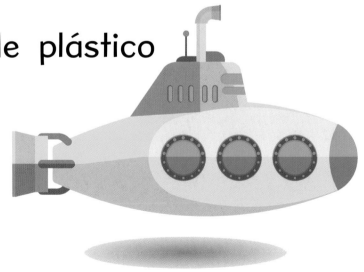

✓ monedas

✓ paquete de catsup

✓ un globo ligeramente inflado

Instrucciones:

1. Coloca una canica en la botella. Llena la botella con agua. Cierra la tapa.

2. Coloca la botella en un lavabo lleno de agua. Mira qué le sucede al submarino.

3. Haz lo mismo con los demás objetos, uno por uno.

¿Qué objeto hizo que tu submarino se quedara medio sumergido? ¿Por qué? ¿Cómo piensas que funciona un submarino de verdad?

Glosario fotográfico

datos: Hechos e información recolectados para hacer un estudio.

esculturas: Piedras, madera, mármol, arcilla, metal o cualquier otro material a los que se le ha dado una forma.

estudian: Que pasan tiempo aprendiendo acerca de algo.

profundidad: La medida de cuán profundo es algo.

submarinos: Naves que pueden moverse bajo el agua y sobre el agua.

tecnología: Máquinas y equipamientos desarrollados gracias a la ciencia y la ingeniería.

Índice alfabético

Actividad para después de la lectura

Imagina que eres un científico. ¿Qué parte del océano te gustaría estudiar? ¿Los animales marinos, el agua, el suelo oceánico o algo distinto? Haz un dibujo de lo que podrías encontrar en el océano.

Acerca de la autora

Annette Gulati disfruta mucho de explorar el mundo y aprender cosas nuevas. El océano es uno de sus lugares favoritos. Escribe desde su casa en Seattle, Washington.

www.rourkebooks.com

PHOTO CREDITS: cover & title page: ©Predrag Vuckovic; table of contents: ©Christian Wheatley; p.4-5: ©Andrey Prokhorov; p.6-7, 23: ©Maravic; p.8-9: ©kanarys; p.10-11, 23: ©Konstantin Inozemtsev; p.12-13, 23: ©dstephens; p.14-15, 22: ©SolStock; p.16-17, 22: ©ADragan; p.18-19: ©darksite; p.20: ©igor170806

Editado por: Laura Malay
Diseño de la tapa e interior: Kathy Walsh
Traducción: Pablo de la Vega

Library of Congress PCN Data

Exploradores del océano / Annette Gulati
(Mi introducción a CTIAM)
ISBN 978-1-73165-470-0 (hard cover)(alk. paper)
ISBN 978-1-73165-521-9 (soft cover)
ISBN 978-1-73165-554-7 (e-book)
ISBN 978-1-73165-587-5 (e-pub)
Library of Congress Control Number: 2022939593

Rourke Educational Media
Printed in the United States of America
01-0372311937